Otto Mühlbrecht

Der Holländische Buchhandel seit Coster

Otto Mühlbrecht

Der Holländische Buchhandel seit Coster

ISBN/EAN: 9783743385733

Hergestellt in Europa, USA, Kanada, Australien, Japan

Cover: Foto ©ninafisch / pixelio.de

Manufactured and distributed by brebook publishing software (www.brebook.com)

Otto Mühlbrecht

Der Holländische Buchhandel seit Coster

DER

HOLLÆNDISCHE BUCHHANDEL

SEIT

COSTER

VORTRAG

GEHALTEN IN DEM VEREIN DER BUCHHANDLUNGSGEHÜLFEN IN LEIPZIG

AM 28. NOVEMBER 1866

VON

OTTO MÜHLBRECHT

LEIPZIG
VERLAGSBUCHHANDLUNG VON J. J. WEBER
1867

Google

VORWORT.

Die vorliegende Arbeit war ursprünglich nicht für den Druck, sondern für einen kurzen mündlichen Vortrag bestimmt und macht deshalb auch keinen Anspruch auf die Gründlichkeit, die man von einer für den Druck sorgfältig vorbereiteten, und für einen grössern Leserkreis berechneten Schrift mit Recht erwarten dürfte. Ich hielt meinen Vortrag, um einem mir bekannten und zum Theil befreundeten Kollegenkreise für einen Abend eine vorübergehende, anregende Unterhaltung zu verschaffen. Auf die mir dabei so günstigen Factoren kann ich natürlich in weitern Kreisen nicht rechnen und würde deshalb auch die Arbeit nicht veröffentlicht haben, wenn mich nicht der Herr Verleger im Interesse der Sache dazu veranlasst hätte. Thatsächlich besitzen wir nämlich noch keine eingehende Schilderung der Organisation des heutigen niederländischen Buchhandels, und so ist es ja immerhin möglich, dass meine Darstellung hie und da ein Interesse erregen dürfte.

Ich bin deshalb auf den Vorschlag des Herrn Verlegers eingegangen in der Annahme, dass vielleicht diese wenigen Bausteine einmal von anderer Seite zu einem grössern Gebäude, mit einer umfassenden Darstellung des europäischen Buchhandels, benutzt werden können.

M.

Quellen-Angabe:

K. Falkenstein, Geschichte der Buchdruckerkunst. Leipzig 1840.

A. Wild, Die Niederlande. Ihre Vergangenheit und Gegenwart. 2 Bde. Leipzig 1862.

Reglement voor de Vereeniging ter bevordering van de belangen des boekhandels. Amsterdam 1863.

J. C. Brunet, Manuel du libraire et de l'amateur de livres. Tome V. Paris 1864.

J. Bontjes, Proeve tot de kennis van den toestand en de inrigting des boekhandels in Nederland in de 17ᵉ en 18ᵉ ceuw. Amsterdam 1861. 12 pp.

(Eine deutsche Uebersetzung hiervon erschien in Petzholdt's Neuem Anzeiger für Bibliographie. 1863. Heft 9—11.)

Lijst der ter vertaling aangekondigde werken. 1864 Nr. 1—4. Amsterdam. (Beilage des Nieuwsblad voor d. Boekhandel 1864.)

Trübner's American and Oriental Literary Record Nr. 19, p. 339. London 1866.

Nieuwsblad voor den boekhandel 1866 Nr. 47, p. 213. s' Gravenhage.

Meine eigenen Abhandlungen über denselben Gegenstand im Börsenblatt für den deutschen Buchhandel. Jahrgang 1865 Nr. 35, Jahrgang 1866 Nr. 60. 62. 64.

Meine Herren!

Wenn ich hier auf Veranlassung des Vorstandes unseres Vereins den Versuch mache, Ihnen in kurzen Zügen den niederländischen Buchhandel zu veranschaulichen, so sollte ich eigentlich, bevor wir uns mit den heutigen Zuständen desselben beschäftigen, eine Schilderung früherer Zeiten vorherschicken, um damit einen Hintergrund zu gewinnen, auf dem sich das Bild unserer Tage verständlicher abhebt.

Wie aber überhaupt mit der Geschichte des ausländischen Buchhandels, so hat dies insbesondere mit der niederländischen seine Schwierigkeiten, weil uns in Bezug auf diese nur sehr lückenhafte historische Ueberlieferungen zu Gebote stehen.

Ein erhöhtes Standesbewusstsein, d. h. eine vollkommene Würdigung der socialen Aufgabe des Buchhandels, hat sich in Holland nur bei einzelnen, hervorragenden Persönlichkeiten in erfolgreicher Thätigkeit offenbart. Die grosse Menge der Buchhändler hat nicht in dem Maasse, als wir dies z. B. in England und Deutschland bemerken, sich den Fortschritten der Cultur accommodirt, ist weniger aufopferungsfähig mit der Wissenschaft Hand in Hand gegangen, sondern hat meistens — mit vielen rühmlichen Ausnahmen allerdings — den Standpunkt rein kaufmännischer Speculation behauptet. Nur Einzelne haben dem Buchhandel ein über ihre Privatunternehmungen hinausgehendes Interesse zugewandt, und fliessen uns deshalb von den Berufsgenossen selbst die geschichtlichen Aufzeichnungen nur sehr sparsam.

Auf der andern Seite aber trägt gerade bei dem Buchhandel, der sich doch seinem ganzen Wesen nach mehr zum Dienst der Wissenschaften hinneigen soll, ein Auftreten in dem Gewande rein kaufmännischer Speculation häufig dazu bei, dem Stande die Sympathien sowohl der Gelehrtenwelt, wie des grossen Publicums zu entfremden. Dieser Fall scheint in Holland eingetreten zu sein. Es haben von Seiten der Gelehrten nur diejenigen Buchhändler, die sich um ihre Zeitgenossen ganz besondere Verdienste erwarben, eine Anerkennung und historische Berücksichtigung erfahren, wohingegen sich bei den übrigen Ständen für den Buchhandel nie die Vorliebe zeigte, und auch heute nicht offenbart, die wir in andern Ländern zu finden gewohnt sind.

Ich will versuchen, Ihnen aus den wenigen, mir zu Gebote stehenden Quellen einige charakteristische Züge aus früherer Zeit zu geben, ziehe jedoch für heute nur den modernen Buchhandel — seit Erfindung der Buchdruckerkunst — in den Bereich meiner Betrachtungen, da ja doch eigentlich erst von dieser Zeit an unser Stand eine umfassende culturhistorische Bedeutung gewonnen hat. Bekanntlich macht Holland Anspruch darauf, die Wiege der Buchdruckerkunst und des Buchhandels zu sein; es sei hier in Bezug darauf kurz erwähnt, dass man auf dem Rathhause in Haarlem als Beweis der früheren, als der Mainzer Erfindung die ältesten Coster'schen Drucke: den „spiegel onzer behoudenis", die sogenannten „Donatus'schen Schulbücher", und einige andere aufbewahrt, das erste Werk angeblich aus dem Jahre 1423. Hierauf gestützt wird Gutenberg beschuldigt, dem Coster — oder wie sein richtiger Name ist: Laurens Janszoon (er war Küster, holländisch coster, in Haarlem) — die Lettern, mit denen dieser druckte, als Geselle, während er bei ihm arbeitete, entwendet zu haben, und damit nach Mainz geflüchtet zu sein, wo er dann eine eigene Druckerei nach dem Muster der ihm bekannten Coster'schen gründete und die holländischen Lettern nachahmte. Nun ergiebt aber eine Typenvergleichung der in der Staatsbibliothek in München neben einander befindlichen ersten Drucke von Coster's speculum humanae salvationis und Gutenberg's erster Bibel durchaus keine Uebereinstimmung der Typen. Der holländischen Behauptung fehlt der Beweis. Thatsache dagegen ist, und daran muss man sich bei der Entscheidung von Fragen aus der damaligen, noch in manches Dunkel gehüllten Zeit halten, dass das erste mit beweglichen Lettern gedruckte, mit Jahreszahl und Druckort versehene Buch aus Gutenberg's Officin herrührt, nämlich das „psalterium" aus d. J. 1457.

Möglich ist nun zwar der Fall wohl, dass die oben erwähnten Coster'schen Drucke älter sind, und einzelne Autoritäten, wie z. B. Ottley und Ebert, sprechen sich auch darüber zu Gunsten der Holländer aus. Aber auch die vorerwähnte Gutenberg'sche Bibel in München soll ja aus d. J. 1450 herrühren. Halten wir uns deshalb nur an den zuerst datirten Druck, da überdies noch die Untersuchungen der allerneuesten Zeit aus vielen andern Momenten bis zur Evidenz dargethan haben, dass Gutenberg der erste Drucker war, und weder Haarlem noch Strassburg (welche Stadt ja bekanntlich auch Ansprüche geltend machen will) die Ehre der Erfindung zukommt.

Abgesehen von Coster also finden wir die ersten holländischen Firmen gegen Ende des 15. Jahrhunderts und zwar errichtete Dierik Martens zu Aalst in Flandern im Jahre 1473 die erste Buchdruckerei. Als ein Freund des Erasmus von Rotterdam nahm er in seinem Verlage eine streng classische Richtung an, und druckte unter Anderem zuerst die Iliade und die Grammatik des Lascaris, wie er denn überhaupt einer der Ersten war, der grössere griechische Werke vollständig gedruckt auf den Markt brachte. Er war von 1473 — 1534 in Aalst, Antwerpen, und Löwen abwechselnd thätig.

Gleich nach ihm, im J. 1474, eröffnete Johann von Westphalen in Löwen sein Geschäft, dessen erste und bekannteste Ausgaben: Cicero, de claris oratoribus (1475), Juvenalis et Persii satyrae (1475) und Virgilii opera (1476) ihm derzeit bald Geltung verschafften.

Dann folgte Utrecht, wo in demselben Jahre (1474) Nicolaus Ketelaer und Gerhard de Leempt die historia ecclesiastica von Eusebius verlegten, und im Jahre 1479 Johann Veldener, ein in allen Künsten der Typographie und der mit ihr verwandten Fächer wohlerfahrener Buchdrucker, auftrat.

Brügge hat aus dem 15. Jahrhundert nur eine Firma aufzuweisen: Colard Mansion, der zugleich Gelehrter war, was aus einem von ihm i. J. 1484 verlegten Werke hervorgeht: die Metamorphosen des Ovid, erklärt von Thomas Waleys und aus dem Lateinischen in's Französische übersetzt von Colard Mansion.

Delft hat die Ehre, aus der Officin von Jac. van der Meer und Maurits Yemantzoon 1477 die erste Bibel in holländischer Sprache hervorgebracht zu haben, die übrigens nicht vollständig war, denn es fehlen an ihr das ganze Neue Testament und die Psalmen. In kurzen Zwischenräumen folgten dann die Städte Gouda, Zwolle, Nymegen und Amsterdam, welch' letztere merkwürdigerweise trotz der unmittelbaren Nähe von Haarlem erst im Anfange des 16. Jahrhunderts die erste Druckerei gründete.

Der Buchhandel, der bis zur Mitte des 16. Jahrhunderts noch nicht von der Buchdruckerei getrennt aufzutreten pflegte, zählte damals gewöhnlich mit zu der Malerzunft, hie und da auch zu einer andern Innung, z. B. in Amsterdam, wo man die Buchdrucker, Buchhändler, Kupferstecher und Buchbinder zu der Zunft der Glaser, Goldsticker und Koffermacher rechnete, oder wie es die Verordnung noch umfassender ausdrückt: zu denen, „die sich durch den Pinsel, die Bürste oder das Färben ernähren."

Eigene Gerechtsame wurden dem Buchhandel erst im 17. Jahrhundert verliehen, ohne dass er jedoch damit in den Rang des Handelsstandes erhoben wäre; er wurde vielmehr immer noch als Handwerker-Innung angesehen, wofür sich in den städtischen Verordnungen mancher Beleg findet. So musste vorschriftsmässig jeder Lehrling mindestens 12 Jahre alt sein, auch schrieb das Gesetz vor, dass er vier Jahre bei einem Meister gelernt, und weitere zwei Jahre in dem Fache gearbeitet habe. Eine lange Gehilfenzeit war früher, und ist auch heute nicht in Holland üblich. Der Holländer liebt es, sich möglichst rasch selbstständig zu machen, wobei indessen leider häufig nicht genug Gewicht darauf gelegt wird, ob der Betreffende sich auch wohl die zur erfolgreichen Leitung eines eigenen Geschäftes nötigen Erfahrungen und Kenntnisse erworben hat.

Wir sehen heute noch, wie es auch früher wohl der Fall war, dass diese allzu frühe Selbstständigkeit Manchen zwingt, neben dem Buchhandel allerlei Nebenbeschäftigung zu treiben, weil er nicht gelernt hat, den Hauptgeschäftszweig, der dadurch oft Nebensache wird, genügend auszubeuten.

Wollte in früheren Zeiten der Gehilfe sich etabliren, so musste er zunftmässig sein Probestück machen, ähnlich wie jetzt noch in Preussen, nur durch die Ansprüche unterschieden. In Rotterdam z. B. musste ein solcher Meister-Aspirant im Jahre 1699 neben andern Leistungen auch

1) eine grosse Bibel in folio in Juchtenleder,
2) ein Buch in folio in gepresstes Pergament, und

3) ein dito in 4⁰ mit Kupfern in gewöhnliches Pergament sauber einbinden. Dieselbe Verordnung warnt schon damals den neu creirten Meister vor der Unehrlichkeit, mehr Exemplare von einem Werke zu drucken, als bestimmt seien.

Ein späterer Erlass aus dem Jahre 1720 giebt uns einigen Aufschluss über den, dem Buchhändler derzeit gewährten Spielraum. Danach durfte er Bücher drucken, einbinden und verkaufen, und daneben Handel treiben mit Papier, Schreibfedern, Dinte und Siegellack. Für den Fall, dass er eine öffentliche Bücherauction abhielt, wurden die Befugnisse etwas erweitert. Vorausgesetzt, dass Alles in seinem gedruckten Kataloge ausführlich angegeben war, durfte er alsdann neben den Büchern versteigern: mathematische, musikalische, physikalische und anatomische Instrumente, gedruckte Bilder, Münzen und Medaillen, und endlich noch eine Flinte, ein paar Pistolen, einen Degen, Stock und eine Uhr, jedoch nur, wenn ihm diese Gegenstände selbst eigenthümlich zugehörten, und auch dann nur in je einem Exemplare. Mehr davon zu verkaufen, war verboten, andere Artikel waren ganz ausgeschlossen.

Alle diese Bestimmungen weisen deutlich auf den handwerksmässigen Betrieb hin, dem damals die grosse Menge der Buchhändler sich ergeben hatte. Daneben jedoch machen wir auch, namentlich im 17. und zu Anfang des 18. Jahrhunderts, die erfreuliche Wahrnehmung, dass sich eine nicht unbedeutende Anzahl von Männern rühmlich vor der Menge auszeichnet.

Es waren das zum Theil gelehrte Geschäftsmänner, die im Besitze oft sehr bedeutender wissenschaftlicher Kenntnisse in kluger Berechnung diese mit der Ausübung der Buchdruckerei und des Buchhandels verbanden; welche den, namentlich unter der Herrschaft der Burgunder sich im Volke entwickelnden Wohlstand und die daraus sich ergebende Liebe zu den Wissenschaften und Künsten, in kühnen, grossartigen Unternehmungen zu benutzen verstanden, und auf dieser soliden Grundlage eine Blüthezeit des holländischen Buchhandels schufen, die allerdings nur auf jene vereinzelt dastehenden Männer sich stützt, deren Presserzeugnisse jedoch damals schon einen Weltruf genossen, und heute noch einen ehrenvollen Platz in der europäischen Literaturgeschichte einnehmen.

Ich erwähnte vorhin, dass, nachdem die Typographie seit

Coster über 20 Jahre lang unausgeübt gewesen war, Dierik Martens sie zuerst wieder in's Leben rief und ihr, nach dem Vorgange von Deutschland und Italien, eine vaterländische Selbstständigkeit verlieh. Zu der soeben geschilderten Bedeutung aber gelangte der Buchhandel zuerst in Deventer, wo einer der berühmtesten holländischen Drucker, Richard Paffroet, sein Geschäft im Jahre 1477· mit der Herausgabe von Petri Berthorii moralizationes biblie, fol., eröffnete. Bis zum Jahre 1500 lieferte er eine Menge ausgezeichneter Druckwerke, unter denen die Ausgaben (1490) der ältesten christlichen Schriften von Prudentius und Juvencus besondere Beachtung verdienen. In Deventer wurde ausserdem der Buchhandel wesentlich von dem Orden der Brüder vom gemeinsamen Leben, dieser vortrefflichen, von Geert Grote geschaffenen philosophischen Schule, zu welcher Männer wie Thomas a Kempis und Alexander Hegius gehörten, gestützt und gehoben.

Den Ruf über die Grenzen des Landes hinaus aber verschaffte dem Buchhandel die Stadt Antwerpen, die zwar später als die übrigen Orte ihre Pressen errichtete, jedoch sehr bald allen andern den Rang ablief. Zuerst war es Gerhard Leeuw, der sich 1484 dort niederliess, nachdem er zuvor von 1477—83 in Gouda ansässig gewesen war, wo er (1477) das erste Buch in holländischer Sprache druckte: „alle die epistelen en evangelien van den gheheelen jaere", fol., dem er im Jahre 1478 die bekannte Goud'sche Chronijkje und 1480 den Dialogus creaturarum, eine Fabelsammlung in lateinischer Sprache, folgen liess. So Verdienstliches Leeuw indessen auch geleistet hat, so reicht seine Thätigkeit doch nicht im Entferntesten an die von Christoph Plantin, der in den Jahren 1555—1589 sein Geschäft in Antwerpen zu der grossartigsten buchhändlerischen-Schöpfung der damaligen Zeit erhob.

Plantin war ein Franzose, aus Montlouis gebürtig. Er erlernte in Paris die Typographie, unternahm weite Reisen in's Ausland, um seine schon vorher bedeutenden wissenschaftlichen, namentlich seine Sprachkenntnisse zu bereichern, und liess sich dann in Antwerpen nieder. Seine Officin erlangte bald einen Weltruf, da er der Einzige war, welcher damals Werke in allen in Europa bekannten Sprachen drucken konnte. Die Chronik berichtet uns, dass er einige 20 Pressen beschäftigt, und an seine Arbeiter einen Lohn von über 100 Ducaten täglich ausgezahlt habe. Er unterhielt mit Deutschland, Italien, Spanien, Frankreich und England einen regen geschäftlichen Verkehr, und wusste seinen Verlagsartikeln überall dort Eingang zu verschaffen. Als im Laufe der Zeit Antwerpen durch die Spanier unter Herzog Alba bedroht wurde, zog er mit einem Theile seiner Pressen und Arbeiter nach Leyden und übergab die Leitung des Antwerpener Hauses seinem Schwiegersohn, dem gelehrten Franz Rapheleng. Später aber kehrte er selbst wieder nach Antwerpen zurück. Bei seinem im Jahre 1589 erfolgten Tode hinterliess er drei verschiedene Geschäfte in Leyden, Antwerpen und Paris, die von seinen drei Schwiegersöhnen Rapheleng, Jan van Morst und Gilles Beys noch eine Zeitlang fortgeführt, aber nicht auf der alten Höhe erhalten wurden.

Plantin folgte streng der damaligen Richtung und verlegte hauptsächlich nur wissenschaftliche Werke, auf dem Gebiete des Rechts, der Philologie, Geschichte und Mathematik, von denen heute noch am meisten die in Antwerpen 1569—72 erschienene grosse Polyglottenbibel von Alcala, 8 Bde. gr. folio, geschätzt wird. Daneben zeichnen sich namentlich seine Ausgaben alter Classiker durch Correctheit und typographische Schönheit aus. Sein Signet kennzeichnet den Mann: eine Hand mit einem Compasse und der Inschrift: Labore et constantia.

Auf ihn folgte in Leyden die Familie der Elzevire, unter denen die Typographie und der Buchhandel in den Niederlanden die höchste Stufe überhaupt erreichten, und die für Holland eine ähnliche Bedeutung haben, wie für Italien das Geschlecht der Aldus und Giunta's, für Frankreich das der Etienne's.

Selten wohl hat eine Buchhändlerfamilie so lange als solche sich erhalten und dabei so viele tüchtige Männer hervorgebracht, denn in dem Zeitraume von 1595—1680 zählen wir nicht weniger als sieben Elzevire, die sich einen bedeutenden Namen gemacht haben: zwei Ludwigs, Isaak, Bonaventura (der bekannteste von allen), Abraham, Daniel und Peter. Sie haben uns einen wahren Schatz herrlicher Druckwerke hinterlassen, meistens Ausgaben in 12mo und 16mo, einige auch in 8°, 4° und folio, unter welchen die 12° Ausgaben der lateinischen Classiker, einzelne Theile der Bibel, wie das Neue Testament und der Psalter, nebst den 42 Bändchen der rerum publicarum, 16mo, heute noch Ansehn geniessen. Der Stamm des Hauses war in Leyden, wurde aber von dem zweiten

Ludwig im Jahre 1640 nach Amsterdam verlegt und von dessen Sohne Daniel, dem letzten der Elzevire, der ausgezeichnete Drucke lieferte, an Adrian Moetziens im Jahre 1681 verkauft, mit dem dann das Geschäft im Jahre 1700, also nachdem es über hundert Jahre bestanden hatte, erlosch. Ein Zweiggeschäft wurde von Peter Elzevir in Utrecht gegründet, welches in den Jahren 1668—72 gleichen Ruf, wie das Amsterdamer Haus, genoss, sich aber nicht lange hielt.

Die Familie der Elzevire stand im hohen Ansehn im ganzen Lande und hat namentlich auch von Seiten der Regierung einen aussergewöhnlichen Schutz und besondere Freiheiten genossen. Um so mehr fällt es auf, dass sie bei manchen Werken, wie z. B. der Utopia des Thomas Morus und anderen, ihre Firma verleugnet; sie mag dazu wohl aus religiösen, politischen oder Familienrücksichten veranlasst gewesen sein.

Noch zu ihrer Zeit tauchte im 17. Jahrhundert in Amsterdam eine andere Familie auf, die sich ebenfalls grosse Verdienste um den niederländischen Buchhandel erworben hat, die der Blaeu's. Janszoon Blaeu, der Gründer der Firma (auch unter dem Namen Jansonius Blavius, auch Coelius bekannt), war ein Freund des gelehrten Tycho Brahe, mit dem er sich in das Studium der mathematischen Wissenschaften, namentlich der Astronomie, vertiefte; daneben erwarb er sich tüchtige Kenntnisse in der Länder- und Völkerkunde und der Geschichte. Darauf gestützt gab er dann jenen prachtvollen Amsterdamer Atlas in zwölf Foliobänden heraus, ein für die damaligen Verhältnisse gewaltiges Unternehmen, womit er seinem Namen ein ehrenvolles Andenken für alle Zeiten gesichert hat. Daneben erschien 1649 sein Novum theatrum urbium Belgicae regiae in zwei Foliobänden mit vielen Karten und Kupfern, auch verdient eine nicht mindere Anerkennung der von ihm 1627 herausgegebene zeespiegel, 3 Thle. in 1 Bd., fol. An die Plantins, Elzevire und Blaeu's schliessen sich in würdiger Reihenfolge auch noch Abraham Wolfgang in Amsterdam, bekannt unter dem angenommenen Namen Quaerendo, der in den Jahren 1662—93 thätig war und unter Andern auch eine schöne Ausgabe von Corneille, in fünf Bänden, brachte. Ebenso Wettstein in Amsterdam, in der ersten Hälfte des 18. Jahrhunderts, dessen Drucke sich namentlich durch gediegene Ausstattung auszeichnen. Ferner van der Aa und Luchtmans in Leyden, ersterer auf theologischem, letzterer mehr auf dem alt-classischen Gebiet der Griechen und Römer thätig. Aus dem letztgenannten Verlage haben heute noch die bekannten Ausgaben „cum notis variorum", die zum grössten Theile von Heinsius, Grävius, Gronovius und Burmann besorgt wurden, einen gewissen Werth. Das Luchtmans'sche Geschäft ging mit einem grossen Theile der Verlagswerke an die heutige Firma Brill in Leyden über, die den alten Traditionen des Hauses treu geblieben ist und deshalb augenblicklich als eine der angesehensten Buchhandlungen in den Niederlanden gilt.

Ich schliesse diese Reihe buchhändlerischer Koryphäen mit J. van der Mey in Leyden, dessen Name zugleich durch einen Streit vermehrte Bedeutung erhalten hat. Als nämlich Didot in Paris im Jahre 1795 mit den, bekanntlich stereotypirten, logarithmisch-trigonometrischen Tafeln von Callet auftrat und diese Manier des Drucks als eine neue, von ihm ausgehende Erfindung bekannt machte, stellte es sich heraus, dass van der Mey in Leyden schon hundert Jahre früher eine holländische Bibel in 4° mit gegossenen Platten gedruckt hatte, welch' letztere sich noch im Anfange dieses Jahrhunderts im Besitz der Firma Luchtmans befunden haben sollen. Mey hat seiner Zeit nur diesen einen Versuch gemacht und wandte die Stereotypie nie wieder an, weil sich die Kosten für ihn zu hoch beliefen. Es beschäftigte sich aus demselben Grunde auch Niemand nach ihm damit, und so vergingen circa hundert Jahre, in welcher Zeit die Erfindung vollständig der Vergessenheit anheimgefallen war, bis dann Didot die Ehre derselben für sich in Anspruch nahm, was ihm natürlich jetzt, wo die Stereotypie eine so grosse Bedeutung gewonnen hat, von Seiten der Holländer nicht zugestanden wird.

Diesen soeben hier genannten Männern verdankt der niederländische Buchhandel des 16.—18. Jahrhunderts insofern seinen grossartigen Aufschwung, als sie mit kundiger Hand ihr Schiff, das von den socialen Bewegungen getragen wurde, steuerten. Diese epochemachenden Bewegungen gingen von der Reformation aus, mit ihrer Einführung in den Niederlanden erhielt das Volk die wahre, d. h. geistige Freiheit, die eine bis dahin ungekannte Blüthe der Wissenschaften zur Folge hatte; selbst die Revolution unter Philipp II., während welcher Zeit wir (1555—72) eine wahre Fluth politischer Schriften in Holland auftauchen sehen, schadete der Wissenschaft nicht, im Gegentheil erstarkte dieselbe erst recht in diesem Kampfe und erhielt durch ihn einen nationalen Schwung. Und als nun im 17. Jahrhundert Männer wie Hooft, Vondel, Cats, Kamphuyzen, Huygens, Heinsius, Brokhuyzen und Andere erstanden und die Städte Leyden, Groningen, Utrecht, Harderwijk und Franeker ein sehr reges akademisches Leben entfalteten, da konnte unter solchen Umständen wohl eine Blüthe des Buchhandels nicht ausbleiben. Ein Haupthebel desselben war schon derzeit die unbeschränkte Pressfreiheit, dieses Grundgesetz echter Volksfreiheit, deren sich das Land von jeher zu erfreuen gehabt hat und welche es nur ein einziges Mal, unter der Franzosenherrschaft im Anfange dieses Jahrhunderts, und auch da nur vorübergehend, einbüsste. Diese Pressfreiheit kam auch anderen Ländern zu Gute, namentlich war Holland im 17. Jahrhundert die Zufluchtsstätte aller in dem benachbarten Frankreich von der Regierung, Geistlichkeit und Sittenpolizei beanstandeten oder verfolgten Schriften. Wir finden eine Menge derartiger Werke in französischer Sprache, die unter wahrer, oder angenommener Firma in Amsterdam und dem Haag gedruckt, und von da aus weiter verbreitet wurden.

Die verheerenden Kämpfe zu Ende des 17. und im 18. Jahrhundert haben leider der Wissenschaft, und mit ihr dem Buchhandel in Holland das gewonnene Terrain theilweise wieder entrissen. Wie die Selbstständigkeit der Nation durch den spanischen Krieg litt, und die französische Emigration nach Aufhebung des Edicts von Nantes demoralisirend auf die Bevölkerung einwirkte, wie die Nation durch die verschiedenartigsten, hartnäckigen Parteiumtriebe mehr und mehr ihrem Verfalle entgegenging, in demselben Maasse zersetzte sich auch der Buchhandel und verkümmerte, wie die Blume, die auf unfruchtbarem, durchwühltem Boden ihr Dasein nur mühsam fristet. Als deshalb die grosse Katastrophe von 1795, die ganz Europa erschütterte, auch Holland und den holländischen Buchhandel mit dem Druck der Fremdherrschaft belastete, da besass der letztere schon nicht mehr Widerstandsfähigkeit genug, um den Stoss aushalten zu können. Er hat sich davon bis heute noch nicht ganz wieder erholt.

Unter den Napoleoniden lag Kunst, Wissenschaft und Industrie vollständig darnieder und begann erst nach der Vertreibung des Gewaltherrschers sich einigermaassen wieder zu beleben. Der erste Act, womit der Buchhandel sich an diesem Wiedererwachen betheiligte, war die Regelung des Eigenthumsrechtes zwischen Autor und Verleger im Jahre 1817. Während dasselbe früher ganz unbestimmt war, wurde es jetzt auf das Leben des Verfassers und 20 Jahre nach seinem Tode fixirt. Damit gewann der vaterländische Buchhandel in den Niederlanden zuerst wieder System und Halt, es wurden von der Zeit an überhaupt feste, geordnete Zustände und namentlich eine Concentration, ähnlich der des deutschen Buchhandels, angestrebt, die denn auch den Stand 1830 bereits so weit gekräftigt hatte, dass er die belgische Krisis überwinden konnte. Trotzdem durch diese der Wirkungskreis bedeutend geschmälert ist, so schreitet der heutige Buchhandel in den Niederlanden in seiner Entwickelung doch vorwärts, und wenn er sich auch augenblicklich eine mehr typographische Aufgabe gestellt zu haben scheint, und die wissenschaftliche Bedeutung der heutigen Literatur verhältnissmässig gar nicht mit der der früheren Jahrhunderte zu vergleichen ist, so muss doch constatirt werden, dass von verschiedenen Seiten rühmliche Anstrengungen gemacht werden, das verlorene Terrain wieder zu gewinnen, und das ist immerhin eine Wahrnehmung, die wir nur freudig begrüssen können.

Augenblicklich zählt man in den Niederlanden 918 Buchhandlungen in 172 verschiedenen Orten, wovon die sechs Hauptstädte allerdings allein schon über 400 stellen. So Amsterdam (mit 265,000 Einwohnern) 178 Buchhandlungen, s' Gravenhage (86,000 Einw.) 51, Rotterdam (115,000 Einw.) 60, Utrecht (57,000 Einw.) 49, Leyden (38,000 Einw.) 28, und Groningen (37,000 Einw.) 38.

Auf den ersten Blick wird Ihnen die Zahl der Buchhandlungen viel zu hoch im Verhältniss zur Einwohnerzahl erscheinen, doch wollen Sie Sich des früher Gesagten erinnern, dass nämlich eine Menge dieser Firmen den Buchhandel nur nebenbei betreiben. Ein für wenige Gulden gelöstes Patent giebt Jedermann das Recht, mit Büchern zu handeln und in die buchhändlerischen Listen aufgenommen zu werden. Ein Nachweis von Kenntnissen wird bei der unbeschränkten Gewerbefreiheit nicht verlangt. Von diesen 918 Firmen aber betreiben nur 30 zugleich mit dem Buchhandel, oder allein, den Kunsthandel, und ebenso nur 30 den Musikalienhandel, was wohl darin seinen Grund hat, dass zu einem erfolgreichen Betriebe dieser Branchen schon mehr oder weniger Fachkenntnisse gehören.

Die grösseren, intelligent geleiteten Geschäfte stehen zum Theil mit dem Auslande in directer Verbindung und werden Ihnen daher bekannt sein; ich erinnere beispielsweise nur an die beiden Müller und Sülpke in Amsterdam, Kemink & Zoon in Utrecht, Brill in Leyden, Nyhoff im Haag, Bädeker in Rotterdam. Diese Firmen bringen viele Verlagsartikel in ausserholländischer Sprache, wodurch sie ihr Absatzfeld über die Grenzen des Landes hin ausdehnen. Die rein holländischen Verleger, unter denen augenblicklich Kruseman in Haarlem wohl der bedeutendste ist, beschränken sich eo ipso auf den Debit im Inlande und sind deshalb im Auslande wenig oder gar nicht bekannt.

Auf hoher Stufe steht gegenwärtig der Antiquariatsbuchhandel, der namentlich in Frederik Müller in Amsterdam und Martinus Nyhoff in s' Hage sehr würdige Repräsentanten hat, die auf wissenschaftlicher Grundlage dem Antiquariat, dieser hohen Schule des Buchhandels, nicht nur in Holland selbst Geltung verschaffen, sondern auch im Auslande sich einen rühmlichen Namen erworben haben. Die günstige Lage der Niederlande so recht mitten im Verkehr von England, Frankreich, Belgien und Deutschland erleichtert das dortige Antiquariatsgeschäft, indem dadurch z. B. Vortheile in der Schnelligkeit, den geringen Spesen und dergleichen entstehen; auch nähert gerade dieser Geschäftszweig sich noch am meisten dem Welthandel und wird deshalb mit Vorliebe und Glück in Holland betrieben.

Am meisten zurück ist augenblicklich das Musikaliengeschäft, sowohl Sortiment wie Verlag, obgleich gerade diese Branche in Holland noch einer sehr grossen Entwickelung fähig ist, denn in dem letzten Jahrzehnt ist in auffälliger Weise der Sinn für Musik, der früher ziemlich unentwickelt war, ich will nicht sagen bereits ausgebildet, aber doch angeregt, ohne dass bisher dieser Zeitströmung von Seiten des Musikalienhändlers in rationeller Weise Rechnung getragen wäre.

So finden wir z. B. in einer Stadt wie Amsterdam, mit beinahe 300,000 Einwohnern, worunter circa 60,000 Deutsche, nur circa 4—6 nennenswerthe, wohlassortirte Musikalienhändler, an deren Spitze die Firmen Theune & Co. und Roothaan & Co. stehen. Unter den Musikalienverlegern stehen Desfossez & Co. und Weygand & Co. im Haag obenan, die auch überseeische Zweiggeschäfte unterhalten. Das Musikalien-Verlagsgeschäft leistet namentlich Bedeutendes in der Reproduction ausländischer, theurer Originalausgaben und erzielt damit im In- und Auslande einen grossen Absatz. Da Holland sich den meisten Ländern gegenüber durch einen literarischen Vertrag nicht gebunden hat, so kann man derartigen Manipulationen in Holland selbst gesetzlich nicht entgegentreten, kommen diese Nachdrucke aber über die Grenze, so verfallen sie natürlich dem diesseits geltenden Gesetze.

Ein Gleiches gilt auch von dem Bücher-Nachdruck, der allerdings nicht in dem Maasse ausgeübt wird, wie der der Musikalien, immerhin aber doch manchen Verleger ganz empfindlich schädigt. So wird z. B. der Hoffmann & Campe'schen Ausgabe von Heine's Werken aller Boden durch den Nijgh-Binger'schen Nachdruck entzogen, der bedeutend wohlfeiler ist. Nicht genug aber mit dem Nachdruck des eigenen Landes, man importirt auch die Nachdrucke anderer Länder, namentlich Amerika's. So sind z. B. die in Philadelphia erschienenen Ausgaben von Goethe, Schiller, Börne, Freiligrath und Anderen in Holland sehr bekannt und gesucht, und wenn auch Cotta und andere Verleger hie und da den Preis ihrer rechtmässigen Ausgaben für Holland herabsetzen, um dem Nachdruck die Spitze zu bieten, so ändert das doch den Kern des Unwesens nicht, und direct oder indirect haben viele ausländische, namentlich aber deutsche Musikalienverleger beständige Verluste dort zu erleiden.

Im Kunsthandel nimmt das Haus François Buffa & Zoon in Amsterdam den ersten Rang ein, mit dem die im Haag von Goupil & Comp. in Paris errichtete Filiale rivalisirt. Der niederländische Kunsthandel steht im Allgemeinen auf einer respectablen Stufe, entwickelt einen feinen Geschmack und ein gediegenes Kunstverständniss und begegnet damit gleichen Eigenschaften im Publicum bei einer nicht unbedeutenden Zahl begüterter Liebhaber und Kenner, welche den altholländischen Kunsttraditionen nicht nur in den vielen und reichen Museen des Landes huldigen, sondern dieselben auch im Privatleben noch beständig cultiviren.

Bevor wir uns nun eingehender mit dem neuern eigentlichen Buchhandel beschäftigen, sei noch kurz dessen Basis erwähnt.

An Buchdruckereien zählt Holland augenblicklich 313, deren bedeutendste die Firma Joh. Enschedé & Zonen in Haarlem ist, die namentlich die Stereotypie in grösserem Maassstabe betreibt und auch eine Javanische Druckerei besitzt. Neben ihr zeichnet sich Brill in Leyden durch einen besondern Reichthum an Lettern für orientalische Sprachen aus. Im Ganzen genommen muss man der heutigen Typographie der Niederlande das Zeugniss geben, dass sie Vorzügliches leistet und unter den technischen, zum Buchhandel gehörenden Geschäftszweigen als der am meisten entwickelte dreist bezeichnet werden darf. In der Lithographie dagegen steht Holland zur Zeit den übrigen Ländern weit nach, und hat es unter den 69 Steindruckereien keine einzige zu einem Rufe über die Grenzen hinaus gebracht. Rühmend jedoch kann man, da wir hier einmal bei den verschiedenen Druckarten stehen, der Kartographie gedenken. Darin wird Gutes geleistet und kann z. B. die von dem Kriegsministerium herausgegebene Generalstabskarte der Niederlande sehr gut mit den besten Publicationen anderer Länder auf diesem Gebiete sich messen.

So werfen wir denn einen Blick auf die Organisation des heutigen Buchhandels, in Bezug auf welchen ich vorhin bemerkte, dass derselbe seit Anfang dieses Jahrhunderts ein Streben nach Concentration deutlich habe erkennen lassen.

Die ersten Anfänge des buchhändlerischen Vereinswesens in den Niederlanden haben wir übrigens noch früher zu suchen; sie fallen in das Jahr 1710, um welche Zeit 14 der bedeutendsten Häuser aus den Hauptstädten in Berücksichtigung des schon damals bemerklichen Rückschrittes einen Verband schlossen, um sich dadurch einen gegenseitigen Stützpunkt zu schaffen, der den von aussen her dem Buchhandel drohenden Umständen womöglich das Gleichgewicht halten könne. Der Verein erwies sich bald als machtlos, hat aber als Vorläufer des heutigen Genossenschaftswesens immerhin ein Interesse zu beanspruchen, weshalb ich auch nicht unterlassen will, Ihnen aus den Statuten einige bemerkenswerthe Paragraphen mitzutheilen.

Im Eingange werden die Preise der Bücher behandelt, und zwar sollen Werke in lateinischer Sprache 10 % höher als Bücher in anderen Sprachen, dagegen auf schlechtem Papier, und nachlässig gedruckte, auch die mit schlechten Kupfern ausgestatteten Werke billiger, als die gutausgestatteten verkauft werden. Im

§ 3 verpflichten sich die Mitglieder, kein Buch zu verkaufen, das dem Verlage eines dem Verein Angehörigen nachgedruckt ist, ausserdem gestattet der folgende Paragraph noch das Wiedervergeltungsrecht gegen einen solchen Nachdrucker nach der biblischen Maxime: Auge um Auge, und Zahn um Zahn, das heisst in diesem Falle: druckst du mir nach, druck' ich dir nach. Dagegen heisst es in § 7, dass der Verein davon in Kenntniss gesetzt werden möge, wenn ein Mitglied ein ausländisches Buch nachdrucken wolle, damit dies allerseits bekannt gemacht werden könne, und keine unvortheilhafte Concurrenz entstehe. Ferner suchte man sich in Paragraph 9 u. 10 gegen Verlagsunternehmungen des Auslandes zu schützen, wenn sie den inländischen Verlag bedrohten. Ein seltsamer Passus aber findet sich in einer darauf folgenden Verordnung.

Danach hatte nämlich der dem Verein angehörige Verleger nicht das Recht, die Preise seiner Bücher selbst zu bestimmen. Es müssen derzeit wohl Extravaganzen in Bezug hierauf vorgekommen sein, sodass sich der Verein veranlasst sah, in den verschiedenen Vereinsstädten eine Anzahl von Männern besonders anzustellen, deren Amt es war, ein neu erschienenes Buch nach seinem wissenschaftlichen und materiellen Werthe unparteiisch zu taxiren und den dafür festgesetzten Preis dann öffentlich bekannt zu machen. Der Verleger hatte dann das Recht, im ersten Monat das Buch ausschliesslich und allein zu verkaufen, erst nach Ablauf dieser Frist war er verbunden, es andern Buchhändlern auf Bestellung zu liefern.

Paragraph 12 schützt die inländische Presse durch die Bestimmung, dass alle im Auslande für Rechnung holländischer Verleger gedruckte Bücher vogelfrei sein sollen und von Jedermann nachgedruckt werden können. Die übrigen Paragraphen beschäftigen sich mehr mit Verwaltungsangelegenheiten.

Dieses Schutz- und Trutzbündniss wirft einiges Licht auf die Lückenhaftigkeit der damaligen Pressgesetzgebung, oder besser gesagt, zeigt uns, dass eine solche derzeit wohl kaum existirte, weil sonst der Buchhandel nicht hätte veranlasst sein können, derartige Repressalien zu ergreifen.

Mit der Zeit haben sich nun zwar auch die Zustände geändert, eine böse Klippe aber ist in Holland heute noch die Nachdrucksfrage und namentlich auch das Uebersetzungsrecht, welch letzteres häufig zu Collisionen unter den Verlegern führt. Man hat sich zwar bemüht, auf dem Wege friedlichen Uebereinkommens möglichst System in das Uebersetzungswesen zu bringen, ist eventuell jedoch vor Gericht meistens machtlos, da der Staat, wie schon erwähnt, wenig oder gar keine literarische Verträge mit dem Auslande abgeschlossen, und also weder Veranlassung, noch Befugniss hat, sich in derartige Privathändel, die des Rechtsbodens ermangeln, zu mischen.

Sehen wir uns, um die Sache näher zu erläutern, den heutigen holländischen Buchhändlerverband, die sogenannte „vereeniging ter bevordering van de belangen des boekhandels", etwas genauer an. Der Verein besteht seit 50 Jahren und zählt augenblicklich etwa 350 Mitglieder. In seiner Bedeutung für Holland kommt er etwa unserem „Börsenvereine der deutschen Buchhändler" gleich. Ausserdem existiren noch, beiläufig bemerkt, sechs kleinere Localvereine in Amsterdam, Rotterdam, s' Gravenhage, Groningen, Haarlem und Utrecht (20—40 Mitglieder), die aber weiter kein Interesse für uns bieten. Wir haben es hier nur mit der „vereeniging" zu thun, namentlich mit der aus ihr hervorgegangenen „commissie tot regeling van het vertalingsregt" (Commission zur Regelung des Uebersetzungsrechtes). Welcher Schwerpunkt auch für den holländischen Buchhandel hierin liegt, leuchtet ein, wenn man bedenkt, dass ungefähr 25 % der gesammten literarischen Erscheinungen Uebersetzungen sind. Es lag unter diesen Umständen nahe, dass der Buchhandel in Ermangelung einschlägiger Gesetze sich selbst solche schuf, zu deren Beobachtung der Beitritt zu dem Verein verpflichtet.

Jedes zu übersetzende Buch muss im Original vorliegen und mit drei Gulden Einschreibegebühr an die genannte Commission in Amsterdam, die aus drei Buchhändlern besteht, eingesandt werden. Diese führt eine genaue Rolle über diese Anmeldungen und veröffentlicht dieselben allwöchentlich in dem Nieuwsblad voor den boekhandel, dem holländ. Börsenblatt. Wer zuerst anmeldet, erhält das alleinige Recht der Uebersetzung auf 10 Jahre. Wenn Jemand zwölf Monate nach der Anmeldung die Uebersetzung nicht erscheinen lässt, erlischt sein Vorrecht und kann die Unternehmung alsdann von Anderen aufgenommen werden. Von dem Schutze des Vereines können auch Nichtmitglieder Gebrauch machen, solange sie ihrerseits dessen Gesetze respectiren. Unbedingt sind für Jedermann freigegeben: ausländische Dichtungen und Brochüren unter vier Bogen.

Der Schutz des Vereins besteht darin, dass kein Vereinsmitglied eine zweite Uebersetzung bringen darf, auch ist ein solches verpflichtet, falls etwa andere Uebersetzungen bei Nichtmitgliedern erscheinen sollten, diese nicht zu vertreiben, dagegen der Ausgabe des Vereinsmitgliedes allen möglichen Vorschub zu leisten. Ausserdem vergütet die Vereinskasse jeden, einem Mitgliede durch die Uebersetzungen von Nichtmitgliedern zugefügten, nachweisbaren Schaden in baarem Gelde, welcher Vortheil auch denjenigen Nichtmitgliedern, die sich unter den Schutz des Vereines stellen, in beschränktem Maasse zu Theil wird.

Man sieht, die Grundlage ist gut und wohl geeignet, gerechte Ansprüche zu befriedigen; man lässt der Speculation vor Erscheinen freien Spielraum, eine einmal angefasste Unternehmung aber wird geschützt. Leider bleibt jedoch dieser Schutz immer mehr oder weniger illusorisch, da ja die grössere Hälfte der Buchhändler dem Vereine gar nicht angehört, also auch keine Verpflichtung hat, Rücksichten gegen dessen Mitglieder zu beobachten. Man muss zwar zugeben, dass dies in der Regel trotzdem geschieht, es kommen aber doch auch manche Fälle vor, wo von einem besonders absatzfähigen ausländischen Buche mehrere Uebersetzungen zu gleicher Zeit in Holland erscheinen, und wenn dann die Ausgabe eines Nichtmitgliedes wohlfeiler und besser ist, als die sogenannte gesetzliche, da stehen sich die Mitglieder in diesem Falle selbst im Lichte, wenn sie dagegen auftreten.

Zu welchen Conflicten dieser, auf die Dauer unhaltbare Zustand führen kann, liegt auf der Hand. Die ganze Einrichtung ist nur ein Nothbehelf und wird dem Buchhandel nicht eher Gewähr leisten können, als bis das Gesetz die Sache in die Hand nimmt.

Glücklicherweise ist die Thätigkeit auf diesem Felde, wenn auch seine hauptsächlichste, doch nicht die einzige des Vereins. Er hat noch andere Aufgaben, und darin auch bessere Erfolge aufzuweisen. Diese Aufgaben bestehen in der Vertheidigung des einheimischen Verlagsrechtes durch die im Verein repräsentirte Vereinigung materieller und sittlicher Kräfte, in der Beförderung eines ordnungsmässigen Geschäftsverkehrs, und in dem Anknüpfen von Verbindungen mit der Landesregierung, oder andern Behörden, wo das Interesse des Gesammtbuchhandels, oder des Vereins solches erheischt. Um dies Interesse gehörig wahrnehmen zu können, unterhält der Verein in den verschiedenen Provinzen des Landes im Ganzen 10 Correspondenten, die in beständiger Verbindung mit dem Vorstande in Amsterdam stehen. Als Gegenleistung hat jedes Mitglied ausser einem jährlichen Beitrage von 8 Gulden von jedem neuerscheinenden Verlagsartikel, dessen Preis nicht unter 1 Gulden ist, ein Pflicht-Exemplar unentgeltlich an den Verein zu liefern, der dann diese im Laufe des Jahres eingegangenen Bücher in der Hauptversammlung, die ordnungsmässig im August stattfindet, öffentlich an den Meistbietenden zum Besten der Vereinscasse versteigert. In diesen Hauptversammlungen, die einen ähnlichen Charakter wie die deutsche Cantateversammlung tragen, werden von dem Vorstande auch noch geschäftliche Differenzen unter den Vereinsmitgliedern ausgeglichen und haben sich diese dem Ausspruche des Schiedsrichters, ohne Recurs an die weltliche Behörde, zu unterwerfen, was auch in den meisten Fällen freiwillig geschieht. In ähnlicher Weise, wie der Verein die Versteigerung einzelner Exemplare öffentlich an den Meistbietenden vornimmt, geschieht dies auch zuweilen von Seiten des Verlegers mit ganzen Parthien, Auflageresten, oder dem Verlagsrecht allein ohne Vorräthe, jedoch nicht nur bei Werken, die er gern los sein möchte, sondern häufig bei sehr couranten Artikeln.

Der Verleger begnügt sich in solchem Falle mit dem Absatz von ein oder zwei Auflagen, und geht dann nicht zu einem Neudruck über, sondern benützt den günstigen Moment, wo der Verlagsartikel und die damit verbundenen Rechte durch die erwiesene Gangbarkeit erhöhten Werth haben, zu einem Extrageschäft, indem er zu möglichst hohem Preise seine Rechte einem Andern abtritt. Er sichert sich dadurch frühzeitig, und mit einem Schlage, eine Summe, die vielleicht dem Nettoverdienst einer neuen Auflage gleichkommt, spart die Mühe und Arbeit, die mit dem Neudruck verbunden ist, und kann Zeit und Geld in anderer Unternehmung verwerthen. Ob es gerathen ist, auf diese Weise die Chancen für alle Zeiten aus der Hand zu geben, gerade in dem Augenblicke, wo sich dem Buche eine Zukunft zu eröffnen scheint, ist sehr die Frage. Bei einem grössern Wirkungskreise möchte die Manipulation im Princip unbedingt zu verwerfen sein; bei dem territorial und sprachlich kleinen Holland allerdings, wo sich der Absatz ziemlich leicht berechnen lässt, liegt die Sache anders.

Eine zweite Eigenthümlichkeit des holländischen Verlagshandels sind die gemeinschaftlichen Unternehmungen. Zuweilen nämlich, wenn die Kosten die Kräfte des Einzelnen übersteigen, treten mehrere selbstständige Firmen zusammen, nehmen aber dann, und dadurch unterscheidet sich die Manipulation von der deutschen Association, für diese Unternehmung nicht eine neue, gemeinschaftliche Firma an, sondern alle theilnehmenden Firmen stehen nebeneinander als Verleger auf dem Titel des Buches. In der Regel übernimmt nun zwar nur eine Firma den Debit, es sind jedoch schon Fälle vorgekommen, wo ein Associé den ersten, der andere den zweiten Band ausliefert, während Beide als Verleger auf dem Titel stehen. Das kann natürlich leicht zu Irrungen führen, sowohl zwischen Sortimentern und Verlegern, als unter den betreffenden Verlegern selbst.

Im Uebrigen stimmt die Usance des holländischen Verlagshandels ziemlich mit der deutschen überein, z. B. in der Jahresrechnung, dem à Cond.-Versenden der Novitäten u. A. Die Abrechnung dagegen ist von der unsrigen so durchaus verschieden, dass sie wohl eine besondere Erwähnung verdient.

Ein allgemein angenommener fester Termin und bestimmter Ort der Zahlung besteht nicht; die Functionen der Commissionaire erstrecken sich ebenfalls nicht auf die Abrechnung, wie wir nachher noch bei Beleuchtung des Commissionsgeschäftes näher sehen werden. Der Regel nach soll zwischen Verleger und Sortimenter im Januar das Conto geordnet werden, es kommt aber auch vor, dass Letzterer erst im Juli oder August remittirt. Ein „zur Disposition stellen", wie bei uns, ist nicht gebräuchlich, man schickt alles Unverkaufte zurück und fügt ein Verzeichniss derjenigen Artikel bei, die man auf's Neue in Commission zu erhalten wünscht.

Ueber den sich alsdann ergebenden Saldo wird meistens im April bis Mai durch Anweisungen auf den Debitor disponirt, die der Verleger verschiedenen, mit diesem Incasso sich befassenden Banquiers oder Geldinstituten zu übergeben pflegt. Diese berechnen nun aber für den Discont einen nicht unbedeutenden Procentsatz, und da es ausserdem häufig vorkommt, dass der Debitor eine solche Anweisung erst zwei- dreimal wegen Differenzen, oder augenblicklichem Mangel an Cassa zurückgehen lässt, wofür der Banquier jedesmal Courtage ansetzt, so stellen sich die mit dem Incasso durch Anweisungen verbundenen Unkosten so hoch, dass viele Verleger es vorziehen, persönlich, oder repräsentirt durch einen Bevollmächtigten eine sogenannte „Abrechnungsreise" durch das ganze Land zu machen. Da wird dann jeder Geschäftsmann, mit dem der Verleger in Verbindung steht, besucht; der Reisende führt sein Abrechnungsbuch mit sich, die Conti's werden verglichen, Differenzen, wenn irgend möglich, auf der Stelle erledigt, und der schuldige Saldo sodann ausgezahlt.

Diese Art der Abrechnung wird ihrer Sicherheit wegen zur Zeit noch von den meisten Verlegern beobachtet, und wer zu geringfügige Geschäfte macht, um die Reise-Spesen tragen zu können, der überträgt seine Abrechnung gegen Entschädigung einem grössern Hause, welches dann auf der Tour mit für ihn rechnet.

Ist in dieser Weise das vorjährige Conto glatt abgeschlossen, so sucht man gegenseitig neue Geschäfte einzuleiten, zu welchem Zwecke der Reisende häufig ein Exemplar der neueren Verlagsartikel in natura bei sich führt. Für Bestellungen, die bei Gelegenheit der Abrechnungsreise gemacht werden, gelten meistens günstigere Bezugs-Bedingungen, z. B. 5 % Extra-Rabatt; ausser dieser Zeit werden vom Verleger durchschnittlich 15—25 % Rabatt gegeben nebst Freiexemplaren, die aber zuweilen auch schon beim Bezuge einer kleinen Anzahl dem Sortimenter in der Berechnung zu Gute kommen. Wird z. B. auf 12: 1 Freiexemplar gegeben, so zieht der Verleger bei 6 Exemplaren den Betrag für $1/2$, bei 3 für $1/4$ Freiexemplar an der Summe der Factur ab.

Oft gelten auch für feste, vor Erscheinen gemachte Bestellungen günstigere Bedingungen, als nach Erscheinen, auch existiren Subscriptions- und Ladenpreise, Baarpreise aber, sowie überhaupt eine Expedition gegen unmittelbare Nachnahme des Betrages auf Buchhändlerwege kennt man nicht. Dagegen disponirt der holländische Verleger häufig bei Lieferungswerken von fünf zu fünf, ja sogar hie und da bei einzelnen Lieferungen über den hierfür schuldigen Betrag durch die oben erwähnten Anweisungen, sodass auf diese Weise eine Art von Baarconto neben der Jahresrechnung fortläuft.

Bedenken Sie nun die ziemlich bedeutenden, dem Verleger

aus dieser Abrechnungsweise entstehenden Unkosten, ferner die
durchweg solide, wenn auch nicht immer elegante Ausstattung im
Druck und Papier, ferner die vielen Verluste durch Fallisements,
denen man in einem Lande mit so unbedingter Gewerbefreiheit,
wie sie Holland besitzt, mehr als anderswo ausgesetzt ist; berücksichtigen Sie dabei noch das kleine Absatzfeld für Bücher in
holländischer Sprache, und Sie werden es Sich leicht erklären
können, weshalb die holländischen Bücher verhältnissmässig einen
höhern Preis haben, als die englischen, französischen und deutschen, trotzdem, dass in keinem der erwähnten Länder so geringe Honorare gezahlt werden, wie in Holland.

Vom buchhändlerischen Standpunkte aus erklärt sich diese
letzte Thatsache durch das Vorhergesagte von selbst, dieselbe
findet ihre Begründung aber auch mit in den allgemeinen socialen
Verhältnissen. Von jeher hat in Holland der Handelsstand den
ersten Platz in der Gesellschaft behauptet, er ist der Lebensnerv
der Nation und beherrscht direct oder indirect alle Verhältnisse.
Daher kommt es, dass in den Niederlanden das Verdienst des
Gelehrten, oder sagen wir lieber des Schriftstellers, nicht so hoch,
wie bei andern Nationen, geschätzt wird, und dass ein Autor es
dort durch seine Feder zu Reichthum gebracht hätte, dürfte kaum
jemals vorgekommen sein.

Betrachten wir jetzt, bevor wir uns mit dem Sortimentshandel
beschäftigen, die vermittelnde Thätigkeit des Commissionairs,
die allerdings noch zu unorganisirt ist, um unsere Aufmerksamkeit lange in Anspruch nehmen zu können.

Amsterdam ist das holländische Leipzig, die Axe, um welche
sich der niederländische Buchhandel dreht. Hier hat jede Firma
ihren Commissionair oder Correspondenten, wie man ihn dort
nennt. Die bedeutendsten unter diesen sind augenblicklich C. L.
Brinkman, J. Noordendorp, J. H. Scheltema und Schalekamp van
de Grampel & Bakker. Das Verhältniss zwischen Commissionair
und Committent ähnelt wenig dem deutschen, wo zwischen Beiden
gewöhnlich eine gewisse Art von Freundschaft zu herrschen pflegt,
die sich auf verschiedene Weise äussert; dort stehen sich beide
Theile kalt gegenüber, und geht die Freundschaft nicht weiter,
als sie eben zwischen Geschäftsleuten allgemein üblich ist.

Cassa erhält der Commissionair nicht, ich erwähnte vorhin
schon, dass Baar-Expeditionen nicht üblich sind, und werden

etwaige Verpflichtungen des Sortimenters stets durch directe Zahlungen abgewickelt, ebenso wie der Verleger seine Gelder stets direct einzieht. Die Thätigkeit des Commissionairs beschränkt sich lediglich auf die Expedition, er ist für den Buchhändler, was der Spediteur für den Kaufmann ist. Da eine Bestellanstalt, wie die Leipziger und Berliner, in Amsterdam wohl seit Jahren schon projectirt, aber immer noch nicht zur Ausführung gekommen ist, so müssen die Markthelfer der Commissionaire jetzt noch täglich ein- oder zweimal einen Umgang durch die ganze Stadt machen, um die eingegangenen Briefe und Pakete den betreffenden Commissionairen in's Haus zu tragen. Eine so bequeme, offene Zettelcorrespondenz, wie in Deutschland, ist dort nicht gebräuchlich, Alles wird couvertirt. Das Austragen einerseits, und andererseits die Annahme, das Verpacken und Absenden (meistens täglich oder wenigstens zwei bis dreimal wöchentlich) an die Committenten macht die einzige Thätigkeit des Commissionairs aus, wofür er eine kaum nennenswerthe Vergütung erhält. Die grösseren Commissionaire machen übrigens ihr Hauptgeschäft mit den Sortimentern dadurch, dass sie denselben Sortiment mit einigen Procent Aufschlag liefern, da viele Verleger sehr schwierig im Creditgeben sich zeigen. Die Committenten sind zur Annahme dieser Vermittelung event. gezwungen, da ein Baarbezug, wie gesagt, nicht existirt.

Im Winter wird zuweilen selbst diese geringe Thätigkeit des Commissionairs noch lahm gelegt. Bekanntlich machen die Wasserwege in Holland, namentlich in den nördlichen Districten Groningen, Friesland und nach den Inseln zu, noch ein Hauptverkehrsmittel aus, oft sogar das einzige, und wenn dann Frost und Schneefall eintritt, so müssen oft monatelang alle Sendungen hin und her unterbleiben, da die Kosten der Beförderung dann sofort enorm steigen. Man ist übrigens sehr bemüht, diesen Uebelstand zu heben, überallhin werden Eisenbahnen in Angriff genommen, sodass wenigstens alle Orte auf dem Festlande in kurzer Zeit ohne einen Mehraufwand von Kosten zu jeder Jahreszeit zu erreichen sein werden. Ist es dahin erst gekommen, und tritt dann auch die Bestellanstalt in Amsterdam in's Leben, so wird der jetzt noch sehr schwerfällige Geschäftsgang bald verschwinden und das Commissionsgeschäft einen bedeutenden Aufschwung nehmen, denn bei dem allgemein gefühlten Bedürfniss und bei dem, jedem Holländer eigenen Sinn für Ordnung und Regelmässigkeit werden durchgreifende Aenderungen nach dieser Richtung hin auf wenig oder gar keine Schwierigkeiten stossen. Die Holländer sind in dieser Hinsicht viel praktischer und bereitwilliger als die Franzosen und Engländer, denen sie selbst heute, wo sie theilweise noch mit der Macht ihnen überlegener Elemente zu kämpfen haben, in der äusseren Organisation des Buchhandels schon voraus sind.

Der niederländische Sortimentsbuchhandel stimmt in seinem äussern Betriebe vielfach mit dem deutschen überein, dort wie hier dieselben, mehr oder weniger fruchtlosen Anstrengungen, das Geschäft durch Novitätenversenden, Ankündigungen, Journalzirkel und dergl. künstlich zu forciren. Bemerkenswerth jedoch ist, dass das Rabattgeben an Privatleute nur selten in Anwendung gebracht wird, ja bei ausländischen Büchern wird der Preis meistens noch erhöht. Dahingegen findet man seltener ein gutassortirtes, mehrere Jahrzehnte umfassendes Lager, der Debit beschränkt sich meistens auf die Literatur der allerneuesten Zeit.

Die äussere Einrichtung der Buchhandlungen gleicht oft dem englischen *stationer*, der seinen Schwerpunkt in dem leicht zu betreibenden Schreibmaterialienhandel sucht, daneben noch allerlei Quincaillerien vertreibt, und den Buchhandel nur, wenn das Bedürfniss, resp. die Nachfrage an ihn herantritt, ausübt.

Eine rühmliche Ausnahme hiervon machen die sogenannten „Importeurs", d. h. diejenigen Sortimenter, die sich mit der Lieferung ausländischer Bücher an den holländischen Buchhandel befassen. Bei ihnen findet man stets ein sehr reichhaltiges, allen gerechten Anforderungen genügendes Lager der betreffenden Literatur.

So weit dies Deutschland betrifft, sind Ihnen die Firmen bekannt, ich nenne nur als die bedeutendsten darunter Joh. Müller und J. C. A. Sülpke in Amsterdam, Adolf Bädeker in Rotterdam, Kemink & Zoon in Utrecht und E. J. Brill in Leyden. Französisches Sortiment liefern hauptsächlich L. van Bakkenes & Co. und Caarelsen & Co. in Amsterdam nebst Gebr. Belinfante im Haag, englische Literatur die Herren W. H. Kirberger in Amsterdam und mehrere Rotterdamer Häuser, unter denen sich H. A. Kramers, Otto Petri (Bädeker) und Wed. Krap & van Duym auszeichnen. Die Literatur der übrigen Länder wird von einigen grössern Häusern in London, Paris und Leipzig bezogen, R. C. Meier in Amsterdam allenfalls hat noch directe Verbindung mit Italien, neben der mit Frankreich.

Diese Importeurs sind die Matadore des holländischen Buchhandels, da ihr bedeutender Absatz sich über das ganze Land hin erstreckt, während die übrigen Sortimenter in Folge der grossen Concurrenz meistens auf ein Geschäft am Platze beschränkt sind. Der Bedarf eines jeden dieser letzteren an ausländischer Literatur, selbst wenn er sich, wie es bei grössern Handlungen wohl vorkommt, auf einige Tausend Gulden jährlich beläuft, reicht natürlich zu einer directen Verbindung mit dem Auslande nicht aus, und so fliessen denn diese vielen kleinen und grossen Aufträge der Einzelnen in den wenigen Händen der Importeurs zusammen, hier einen ganz bedeutenden Umsatz repräsentirend. Der Bedarf der mit Deutschland direct arbeitenden Häuser ist hier in Leipzig allgemein als ein bedeutender bekannt, ebenso verhält es sich mit der Literatur der übrigen Länder, da in Holland die neueren Sprachen sehr fleissig cultivirt, und die literarischen Erscheinungen des Auslandes in den Niederlanden überall stark begehrt werden. Bringt man nun auch die bedeutenden, mit dem Import-Geschäft verbundenen Spesen in Anschlag, nebst den aus dem Incasso erwachsenden Unkosten und Verlusten, die der Importeur in gleichem Maasse wie der Verleger zu tragen hat, so ergiebt sich bei dem namhaften Umsatze doch immer noch ein sehr erheblicher Gewinn.

Diese für einen kenntnissreichen, thätigen und bemittelten Sortimenter überaus günstigen Verhältnisse finden sich in ganz ähnlicher Weise, wie in Holland, auch in England, Frankreich, Russland, Dänemark, Italien und anderen Ländern vor, sind jedoch in Deutschland noch viel zu wenig bekannt, es liesse sich sonst nicht erklären, weshalb nicht mehr Deutsche, die in diesem Falle vor den Ausländern stets den Vorzug eines kräftigeren Rückhaltes am eigenen Vaterlande haben werden, den Vertrieb der Literatur ihrer Muttersprache im Auslande selbst in die Hand nehmen.

Man klagt oft über die Concurrenz bei uns, und auch nicht mit Unrecht, denn namentlich der Sortimentsbetrieb wird mit jedem Jahre unerquicklicher; aber weshalb wenden sich denn unsere jungen Capitalisten im Buchhandel nicht häufiger dem

Auslande zu, statt hier die Zahl der Firmen noch zu vermehren und mit ungestümen Manipulationen gegen ihr eignes und Anderer Interesse zu handeln? Draussen würden sie nicht diese übermässige Arbeitskraft aufzuwenden haben und trotzdem bessere Resultate erzielen, das beweisen uns die deutschen Buchhändler in Paris, London, Petersburg und Turin, die sich fast sämmtlich zu grosser Bedeutung aufgeschwungen haben, da es erfahrungsmässig einem Deutschen, der mit soliden Kenntnissen und Capital im Auslande auftritt, meistens sehr bald gelingt, bei den eingeborenen Fachgenossen, in welcher Branche auch, eine geachtete Stellung einzunehmen. Zu denjenigen Ländern, die der deutsche Sortimentsbuchhändler noch mit gegründeter Aussicht auf Erfolg aufsuchen kann, rechne ich namentlich auch die skandinavischen Länder, nebst Spanien und Italien. Dahin möge man seine Blicke richten, wenn man bei einiger Unternehmungslust den Spielraum in Deutschland für schon zu ausgebeutet hält.

Der holländische Sortimentshandel zeichnet sich durch besondere Organisation oder Manipulationen vor dem unsrigen, wie schon gesagt, nicht aus, es möge allenfalls noch erwähnt werden, dass er im Ganzen genommen mit einem Kundenkreise zu thun hat, der viel begüterter ist, als dies in andern Ländern dem Buchhandel gegenüber der Fall zu sein pflegt. Der holländische Reichthum in der Bevölkerung möchte wohl kaum durch den englischen übertroffen werden. Eine Folge davon ist, dass es in vielen Familien noch Sitte ist, eine eigne Hausbibliothek zu besitzen; von Leihbibliotheken wird noch nicht in dem Umfange Gebrauch gemacht, als in andern Ländern, mehr schon von periodischer Lectüre in Lesezirkeln. Auch existiren eine Menge Lesegesellschaften, deren Bedarf bedeutend ist, ohne dass er deshalb dem Sortimentsbuchhandel im Absatze wesentlich Eintrag thäte. Oeffentliche Bibliotheken besitzt jede grössere Stadt, ausgezeichnet darunter sind die in Leyden und s' Hage befindlichen, alle sind vom Staat oder den städtischen Behörden ziemlich reich dotirt.

Wir nähern uns damit den Producten des Buchhandels selbst, und wollen deshalb einmal einen Blick auf die neueste holländische Literatur werfen, da sich auch in ihr manche, Sie gewiss interessirende, eigenthümliche Erscheinung offenbart.

Die literarische Production in Holland ist, wie überall

fast, seit Anfang dieses Jahrhunderts in einer fortwährenden Steigerung begriffen, besonders deutlich tritt dies in den letzten zwei Decennien hervor, wo die Zunahme gegen früher beinahe den vierten Theil mehr ausmacht. Die Gesammtzahl der im letzten Jahre (1865) erschienenen Bücher und Zeitschriften betrug 2081, gegen 1531 im Jahre 1848. Die Erscheinungen mehren sich aber nicht gleichmässig in allen Fächern, einzelne Wissenschaften behaupten eine merkwürdige Stabilität, während andere rapide Fortschritte machen. Die Statistik giebt uns auch über diese literarischen Strömungen genauen Aufschluss. So sind sich die medicinischen und juristischen Erscheinungen in den letzten zwanzig Jahren fast ganz gleich geblieben, die jährliche Zahl schwankt zwischen 80—90, resp. 180—200, und entspricht hier die Production offenbar nur dem täglichen Bedürfnisse, welches sich nicht fortentwickelt hat. Ganz anders aber gestaltet sich das Verhältniss auf theologischem Gebiete, denn während 1848 nur 265 theologische Bücher erschienen, brachte uns das vorige Jahr deren 511, also fast 100 % mehr!

Kein Land entfaltet aber auch auf religiösem Gebiete eine solche Rührigkeit, als Holland. Von jeher eine Freistätte des Glaubens, haben augenblicklich dort die verschiedenartigsten Secten ungehindert Spielraum, es sind alle Religionsübungen erlaubt, wenn sie nur nicht die öffentliche Ruhe stören. Dadurch wird natürlich die Polemik, aber auch die edlere geistige Speculation in einer seltenen Weise angeregt, und äussert sich rückwirkend auf die Literatur. Zu bedauern ist dabei nur, dass gerade auf diesem, alle Völker gleich lebhaft interessirenden Gebiete, den holländischen Erscheinungen durch die Sprache so enge Grenzen gesetzt sind, dieselben würden sonst gewiss einen fühlbaren Einfluss auf die religiöse Entwickelung der übrigen Staaten ausüben.

Von ähnlicher Bedeutung sind die Publicationen auf volkswirthschaftlichem Gebiete, und verdienten es die vortrefflichen Schriften von Männern wie de Man, Smidt, Vissering, de Bruyn Kops, van Voorthuyzen, Asser und Andern in vollem Maasse, durch Uebersetzungen auch andern Nationen zugänglich gemacht zu werden.

Die naturwissenschaftlichen Erscheinungen sind schon mehr im Auslande bekannt, da sich manche Autoren, wie z. B.

Blume, Siebold, Bleeker, häufig der französischen, deutschen oder englischen Sprache in ihren Schriften bedienen. In dieser Wissenschaft, namentlich in der den tropischen Ländern gewidmeten Literatur, hat Holland vor den meisten Ländern den Vorzug, auf Autopsie gegründete Quellenstudien auf den Markt zu bringen, wozu die überseeischen Besitzungen die Möglichkeit bieten; die naturwissenschaftlichen Erscheinungen der Niederlande sind schon deshalb sehr gesucht.

Die Philologie bildet heute noch, wie früher, eine der glänzendsten Seiten der holländischen Literatur, hat sich aber jetzt, im Gegensatz zu frühern Zeiten, wo man sich mehr mit den alten Griechen und Römern beschäftigte, mehr den orientalischen Sprachen zugewandt.

In den bis jetzt erwähnten Fächern tritt die holländische Literatur ziemlich unabhängig und selbstständig auf, wennschon Manche behaupten wollen, dass dieselbe überhaupt von jeher mehr nachgeahmt, als selbst erfunden habe, was ich indessen von den genannten Wissenschaften nicht so ganz gelten lassen möchte. In der sogenannten Belletristik dagegen stimme ich dem bei. Der niederländische Geist hat stets in den strengen Wissenschaften nur seine besten Blüthen getrieben, weniger in der freien Poesie und der damit verwandten Literatur. Diese hat nie eine bedeutende Rolle in der europäischen Literaturgeschichte gespielt, hat nie den provinziellen Charakter verleugnet und stets viel von andern Völkern nachgeahmt oder benutzt. So offenbart sich auf diesem Felde auch heute nur eine sehr geringe selbstschöpferische Thätigkeit und machen die Uebersetzungen einen ganz bedeutenden Bestandtheil davon aus.

Es wird Sie vielleicht interessiren zu erfahren, inwieweit Deutschland im Allgemeinen bei den Uebersetzungen in die holländische Sprache betheiligt ist. Nehmen wir als Grundlage dabei einmal das Jahr 1864 an, so finden wir unter den circa 2000 Gesammtpublicationen 514 Uebersetzungen aus fremden Sprachen, also 25 %, und zwar aus der deutschen 246, der englischen 142, der französischen 132, der dänischen und italienischen je 2. Von diesen 246 deutschen Werken nun gehören 72 der Romanliteratur, 46 der Theologie, 32 der Medicin, 21 den Naturwissenschaften und 13 der Geographie und Geschichte an; der Rest zersplittert sich auf die verschiedenartigsten Materien.

Sie ersehen daraus, dass in Holland unsere Literatur sehr aufmerksam verfolgt und benutzt wird, ja diese Benutzung documentirt sich auch noch in anderer Weise, indem nämlich in den Schulen sehr häufig nach deutschen Originallehrbüchern die alten Sprachen, mathematische Wissenschaften, Geschichte, Geographie und Anderes gelehrt wird. Daneben sind die grossen Classiker-Collectionen von Teubner, Weidmann, Tauchnitz u. A. fest eingebürgert, so dass man wohl nicht zu viel behauptet, wenn man den Consum der pädagogischen deutschen Literatur in Holland dem in der Landessprache gleichschätzt, abgesehen natürlich von dem Elementarunterricht, der lediglich auf vaterländischen Lehrbüchern basirt.

Befremdend ist es dabei, dass andererseits Deutschland dieser so regen Theilnahme Hollands gegenüber sich so vollständig passiv in Bezug auf die jenseitige Literatur verhält. Man sollte annehmen, dass aus den mancherlei Berührungspunkten sich doch eine gewisse Wechselwirkung ergeben müsste, dem ist aber leider nicht so. Ja, die niederländische Literatur findet noch nicht einmal in unsern literaturgeschichtlichen Werken die eingehende Berücksichtigung, worauf sie unbedingt Anspruch zu machen berechtigt ist, da sie doch so vielfach die Brücke zwischen der romanischen und deutschen Literatur bildet, und eigentlich bis in's 17. Jahrhundert noch unmittelbar in den Kreis der letztern hineingehört. Es ist deshalb wohl zu wünschen, dass sich bei uns die Mittel mehren möchten, mit der holländischen Literatur Bekanntschaft zu machen; die verdiente Berücksichtigung wird sich daraus dann schon von selbst ergeben.

Zum Schluss möchte ich Ihre Aufmerksamkeit noch für den niederländisch-indischen Buchhandel in Anspruch nehmen, um damit das Bild des gesammten holländischen Buchhandels abzurunden.

Der Buchhandel in niederländisch-Indien, der dort seit etwa zwanzig Jahren erst eine selbstständige Existenz gefunden hat, wird augenblicklich durch 16 Firmen repräsentirt, wovon 13 auf der Insel Java, 1 auf Celebes (in Makassar), 1 auf Borneo (in Bandjermassing) und 1 auf Sumatra (in Padang) sich befinden. Von den 13 Geschäften auf Java sind 5 in Batavia, 3 in Samarang, 4 in Soerabaya und 1 in Soerakarta. Die bedeutendsten darunter sind H. M. van Dorp und Lange & Comp., Beide in Batavia.

Das indische Klima sowohl, als auch die socialen Zustände sind dem Buchhandel von vornherein ungünstig. Die unstäte Beweglichkeit der dortigen Europäer macht es fast unmöglich, eine Bibliothek anzulegen, geschweige denn auf die Dauer beizubehalten. Die ärgsten Feinde einer solchen aber sind Feuchtigkeit, Staub und die unzähligen Variationen des Ungeziefers, welches hier mehr als sonstwo die Bücher durchwühlt und zernagt. Diesen letzten Feind auf die Dauer, und mit Erfolg, zu bekämpfen, dazu gehört wirklich schon ein aussergewöhnlicher Eifer und minutiöse Sorgfalt.

Trotzdem wird in Indien sehr viel gelesen, denn die Lectüre ist eine Lebensfrage für den dortigen Europäer; ohne dieselbe würde die erschlaffende Monotonie des indischen Lebens gar nicht zu ertragen sein. Leider hat diese jedoch einen verderblichen Einfluss auf die Richtung der Lectüre ausgeübt, indem man sich fast ausschliesslich auf die piquante Tagesliteratur, auf den Roman par excellence und auf Zeitschriften und Journale beschränkt, die in Lesecirkeln und gesellschaftlichen Vereinen durch den ganzen Archipelagus hin beständig circuliren.

Der regelmässige Pulsschlag des indischen Lebens, die alle 14 Tage von Europa eintreffende „overlandmail", befördert diese Sucht nach periodischer Lectüre, und diese letztere beschäftigt denn auch den holländischen Buchhandel dort am meisten neben einem mässigen Absatz von Werken praktisch-wissenschaftlicher Art, und Lehr- und Handbüchern, die bei der Ausübung von Amtsgeschäften unentbehrlich, oder wenigstens nützlich sind.

Ein offenes Ladengeschäft, wie man es in Europa zu finden gewohnt ist, kennt man in Indien nicht, ebenso ist der Buchhandel, der doch in Europa in den kleinsten Orten seine Vertreter hat, drüben auf die wenigen vorgenannten Hauptstädte eng beschränkt, denn um Geschäfte mit Kunden im Innern des Landes zu machen, dazu ist sowohl die Manier der Versendung, wie des spätern Incasso's viel zu kostbar und daneben auch unsicher. Aus demselben Grunde ist auch unter den dortigen Buchhändlern selbst die Commissions-Sendung, die in Deutschland und Holland den Haupthebel abgibt, durchaus unzulässig. Zeit und Arbeitskraft haben zu viel Werth, um sie damit zu zersplittern, dazu kommt noch der Uebelstand, dass die Bücher bei mehrmaliger Versendung durch das verderbliche Klima leicht unbrauchbar gemacht werden.

Der Buchhändler dort muss sich also schon auf den Verkauf vereinzelter, besonders gangbarer Bücher beschränken; das Geschäft kann einen allgemeinen, internationalen Charakter gar nicht annehmen, weil ein grösseres Lager schwer durchführbar ist. Ein solches haben denn auch die wenigen Häuser, die hie und da einen Versuch damit machten, sehr bald wieder fallen lassen, und befolgt man jetzt allgemein das Princip, nur für feste Rechnung vorher bestellte Bücher kommen zu lassen. Das Risico bei der Versendung trägt stets der Empfänger.

Eine bedeutende Concurrenz hat der indische Buchhandel an einzelnen grossen Häusern in London, Paris und Amsterdam, die sich mit dem Export europäischer Bücher dahin befassen. Denn, wie das ja überall der Fall ist, so auch drüben: der Bücherkäufer nimmt eine Erhöhung der durch unsere Kataloge uns angeblich vorgeschriebenen, d. h. octroyirten Ladenpreise stets sehr übel auf, wenn solche auch, in dem vorliegenden Falle z. B., aus den triftigsten Gründen gerechtfertigt ist. So werden denn die bei weitem meisten Bestellungen auf Bücher und Zeitschriften direct nach Europa gerichtet, wo man dann allerdings die Ladenpreise einzuhalten pflegt. Dagegen fallen natürlich die ganzen Kosten der Versendung dem Besteller zur Last, und dass dadurch die frühere Differenz oft mehr als ungünstig für den Empfänger ausgeglichen wird, liegt auf der Hand. Das wird aber seltsamerweise weniger in Anschlag gebracht, als wenn der indische Buchhändler gleich von vornherein diese Unkosten mit auf den Ladenpreis schlägt.

Die meisten Bücher- und Zeitschriften-Sendungen gehen heutzutage mit der overlandmail von Southampton oder Marseille durch's Mittelmeer, über Kairo, Aden, Ceylon bis Batavia in 30—35 Tagen. Dies ist die kürzeste Frist, die bis jetzt erreicht wurde. Grössere Sendungen gehen meistens per Segelschiff um das Cap in 70—90 Tagen bis Batavia. Die Kosten des letzteren Weges sind natürlich bedeutend geringer, als die der overlandmail.

Diesen, dem indischen Buchhandel so ungünstigen Verhältnissen ist es denn auch zuzuschreiben, dass derselbe meistens nur nebenbei betrieben wird. Gewöhnlich treibt der Besitzer noch einen Handel mit den verschiedenartigsten europäischen Waaren, der ihn gewöhnlich bald zum reichen Manne macht; wenigstens wechseln die Inhaber der Buchhandlungen häufig und ziehen sich meistens als sehr begüterte Leute in das europäische Privatleben zurück.

Die dortigen Europäer suchen, um Bücher zu kaufen, weniger das Geschäftslocal des Buchhändlers auf, als vielmehr mit Vorliebe das öffentliche Auctionslocal. Bücherauctionen sind nämlich an der Tagesordnung, oder vielmehr eine beliebte Abendbeschäftigung, denn meistens finden sie Abends bei Beleuchtung statt. Ich deutete vorhin schon den häufigen Ortswechsel der Europäer an; Kaufleute, Beamte und Militairpersonen werden von der Regierung sehr häufig, und oft Tagereisen weit versetzt. Diese übergeben dann ihre Bücher gewöhnlich dem nächsten Buchhändler, der mehrere dieser sogenannten Bibliotheken zusammen unter den am Platze befindlichen Europäern meistbietend versteigert. So wandern die Bücher oft unaufhörlich von einer Hand in die andere, der Verkäufer macht aber selten ein Geschäft dabei, denn· die auf einer solchen Auction lastenden bedeutenden Unkosten reduciren den Bruttoertrag ganz gewaltig.

Günstiger als der Buchhandel sind die Buchdruckereien situirt. Die meisten arbeiten mit Schnellpressen, und ihre Erzeugnisse können mit den europäischen oft wetteifern. Hauptsächlich werden sie durch Accidenzarbeiten für das Gouvernement und den Handel beschäftigt, daneben dann auch durch den regelmässigen Druck der Zeitschriften und Tagesblätter.

Der Druck von Büchern von einigem Umfang ergiebt meistens ein schlechtes Resultat, da die Kosten zu hoch sind gegenüber der kleinen Zahl von Käufern. Einige courante Werke, die in weitern Kreisen praktisch brauchbar sind, machen eine Ausnahme hiervon; im Uebrigen verdanken die Bücher meistens ihre Entstehung den gelehrten, und andern Gesellschaften in den grössern Städten. Niederländisch-Indien kann sich in dieser Beziehung gar nicht mit dem benachbarten Britisch-Indien messen, wo der Buchhandel und die Presse, allerdings unter viel günstigern Verhältnissen, bereits eine grosse Bedeutung, selbst für Europa, erlangt haben.

Der Arbeitslohn europäischer Buchdrucker auf Java, namentlich tüchtiger Setzer, übertrifft den in Europa geltenden wohl um das 10—20fache. Einzelne Officinen behelfen sich zwar mit Eingeborenen oder Chinesen, deren Fähigkeiten jedoch nicht ausreichen, sobald es sich irgendwie um Kunstsinn oder Geschmack handelt.

Die Journalistik hat sich in Indien verhältnissmässig gut entwickelt. Das erste Blatt: „de Java'sche Courant" wurde 1810 in Batavia begründet; seitdem erschienen im Ganzen 21 verschiedene Zeitungen, von denen augenblicklich noch 16 existiren, worunter zwei in malaiischer, und eins in javanischer Sprache. Die meisten erscheinen wöchentlich, einige täglich, das gelesenste Blatt wird in 1200 Auflage gedruckt. Diese Zeitschriften kommen nur selten nach Europa herüber, da sie doch nur ein Echo unserer Presse sind, und daneben Nachrichten bringen, die ein ausschliesslich locales, und deshalb für uns kein Interesse haben.

Wie nun die östlichen Länder überhaupt für alle Berufsarten der europäischen Gesellschaft noch eine grosse Zukunft versprechen, so giebt es auch für den Buchhandel dort noch eine herrliche und lohnende Aufgabe zu erfüllen, sobald die Möglichkeit geboten ist, auf raschem, sicherem und wohlfeilem Wege die europäische Literatur im fernen Orient systematisch zu verbreiten.

Bis dahin aber möchte ich Ihre Unternehmungslust doch erst in letzter Reihe auf Indien hinlenken.

Sollte es mir dagegen gelungen sein, Sie zu einer weitern Beschäftigung mit dem benachbarten Holland anzuregen, so würde mein Zweck erreicht sein, und können Sie alsdann auch selbst die Lücken ergänzen, die Sie wohl hie und da in meinen Mittheilungen bemerkt haben werden. Die mir gegönnte Zeit zwang mich, mich auf kurze Andeutungen zu beschränken. Ich bitte Sie, dies bei der Beurtheilung meines Vortrages, den ich hiermit schliesse, zu berücksichtigen.